人生小語

獻給母親

——母愛是人間的希望

大樹的沈默——代序

大樹沈默無語，任憑人類在它的身體釘上什麼樣的名牌標幟。

麻雀吱吱地在大樹身上碎語不休，大樹無言沈默。
它聽過黃鶯宛轉舒喉，也聽過白鴿沈睡時的心房輕跳。

•

大樹對攀纏在身上的枯籐凝神默想：
「讓我努力使用意志，懷念春日的你那一片真心的純潔。」
可是在深秋的寒風裡的爬籐卻不顧一切，
只求全力爭取依附在樹幹上繼續生存的權利。

寒冬裡的古樹對腳下冷清清的草地默想：
記憶中曾經有一朵春日的花，在和暖的陽光裡對它深情淺笑。

•

難道只因大樹沈默無語，啄木鳥就可以在它身上隨意挫刺？

•

大樹歡欣地讓辛苦的樵夫依臥在自己的清影下乘涼。

•

沒想到他甜睡之後，揮動利斧相向。

•

大樹未曾羨慕過小鳥，整天到處任意飛翔。

它也沒有妒嫉過清溪，老是不停潺潺淺唱。

•

大樹對飛來飛去的小鳥已經愈來愈加失望。

牠們整天只知隨自己的需要啼唱。

大樹對花叢中漫飛浪舞的蝴蝶不存半點幻想。
它只默默地希望春日過後牠們不致空懷一片失望。

大樹的軀體被貪婪的蛀蟲吃蝕成空。
但它那青翠的枝葉依然不屈不撓地伸向天上。

•

地面的景物未曾感動過大樹。
可是天上的清風卻令它的枝葉飄搖出悠遠的聲音。

•

沈默是一棵大樹。
閒言是一群雜鳥。
真情是一陣天上的清風。

（一九八八年八月舊作）

大樹 沉默無語，任憑

人類 在它身体釘上

什麼樣的

名牌 標幟。

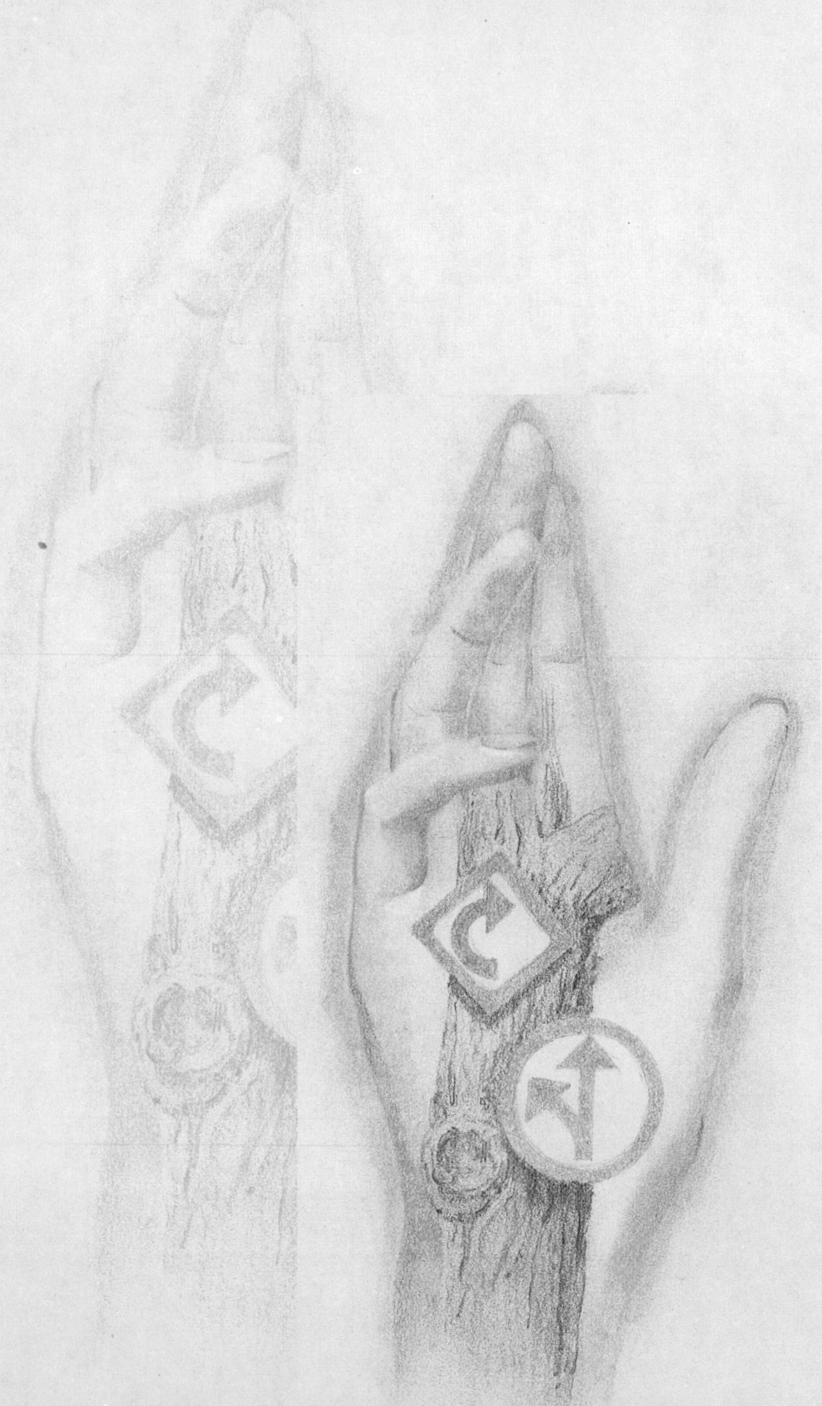

一

愛有時被情所騎劫。

二

被騎劫的愛有時感化了野性的情。

三

濃烈的戀常將愛和情倒置互換。

四

倒置的愛在情中發酵，也常在情中溶解。

五

溶解了的愛令情提升了濃度。

六

溶解了的愛分不出是情還是愛。

七

溶解了的愛失去了它原來的明晰。

八

溶解了的愛有時喪失它主宰的能力。

九

當情溶解了愛，情變得深刻，愛變得柔弱。

一〇

柔弱的愛容易在情的波瀾中起伏飄盪。

一一

柔弱的愛是被情吞噬的愛。

瞭解了的愛令情提升了濃度。

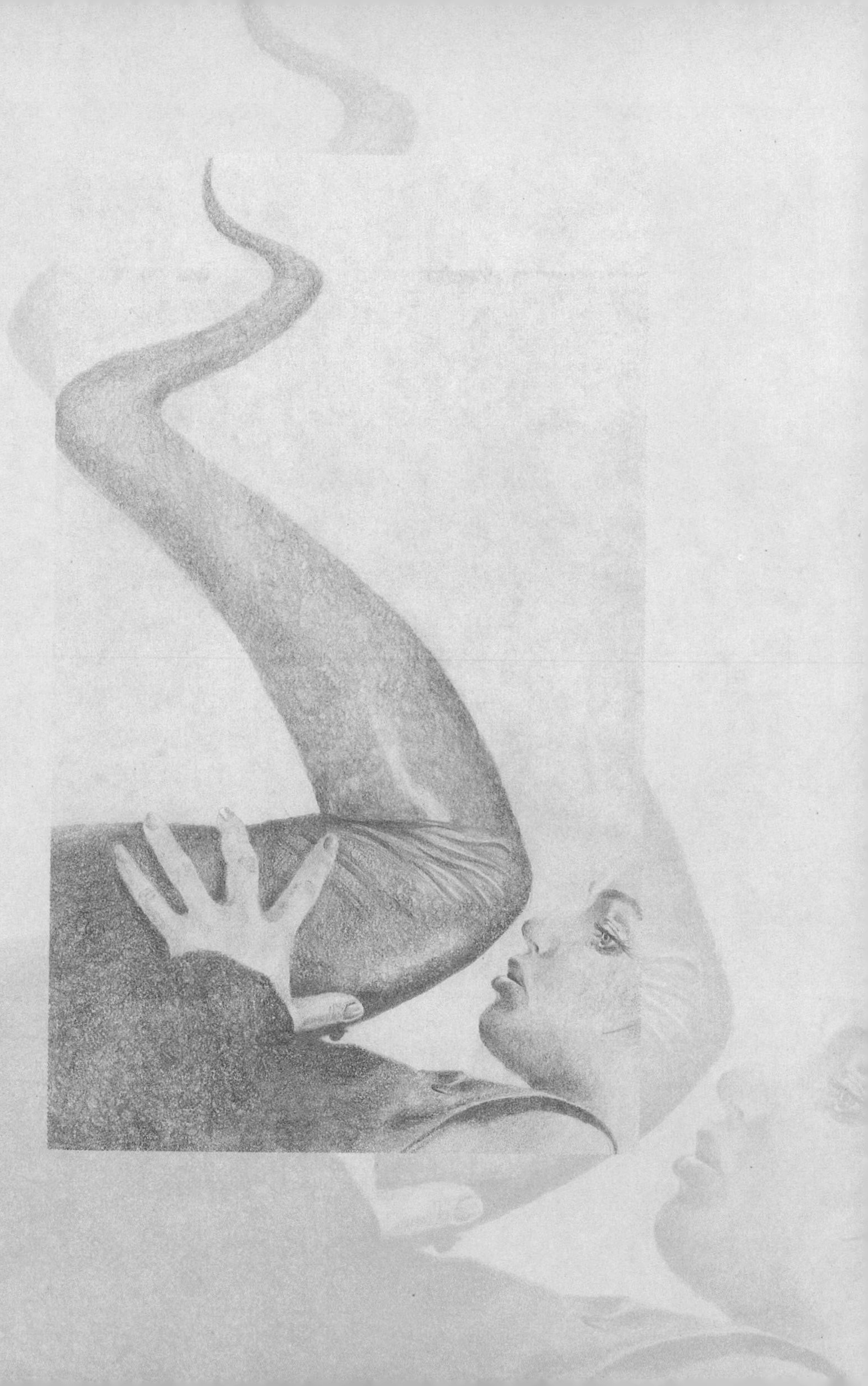

一二
將愛溶解的情容易走入感覺的迷網。

一三
如果只是爲了盲目的熱烈，飛蛾不是成了最值得稱頌的榜樣？

一四
久久不能忘懷的不是熱烈的奔放。始終值得紀念的是堅貞不渝的眞情。

一五
愛常常埋藏在情的泥土中，等待發芽吐枝。

一六

情需要細心開墾，才長出純眞感人的愛。

一七

野心的人有時心野。

一八

胸襟裡的野心有時在無意間變成了情懷上的心野。

一九

心野的情往往騎劫了純潔的愛。

二〇

深情不應妒忌胸襟裡的野心，可是它卻應該發展心懷上的純潔。

二一

深情是開展胸襟，但卻純化心懷。

二二

愛情的開始往往只需一份熱烈，可是它的持續卻有賴一片純潔。

二三

熱熱烈烈地開始並不是一件困難的事，可是純純潔潔的繼承卻佈滿著難關。

二四

成功的愛是由熱烈的情走向純潔的心。

二五

愛情的失敗往往不是不夠熱烈，而是喪失了純潔。

二六

愛是在一切都是偶然的流變之間，尋找一份不變的必然。

二七

愛是在一片不眞實的經驗中，尋找一種可靠的眞實。

二八

愛是在一個不完美的外在世界中，尋求一份內心的完美。

二九

愛是在雜多變幻不居的信念危機裡，尋求一份

成功的
愛是由熱烈的
情走向
純潔的
心。

堅實不變的信心。

三〇

愛是情的終極信念。

三一

愛是情的終極理想。

三二

愛是人生的終極目的。

三三

愛是人性提升的階梯。

三四

愛是人性的指標。

三五
愛是人性通往神性的橋。

三六
情濃好似秋深，人生的大地雖然滿目紛繁，可是胸懷裡卻好像只剩下一種顏色。

三七
情濃之時，愛是人生唯一的顏色。
（但愛不只是一種顏色。）

三八
人生唯一的顏色不容隨意消除減退。

三九

愛是人性提升的階梯。

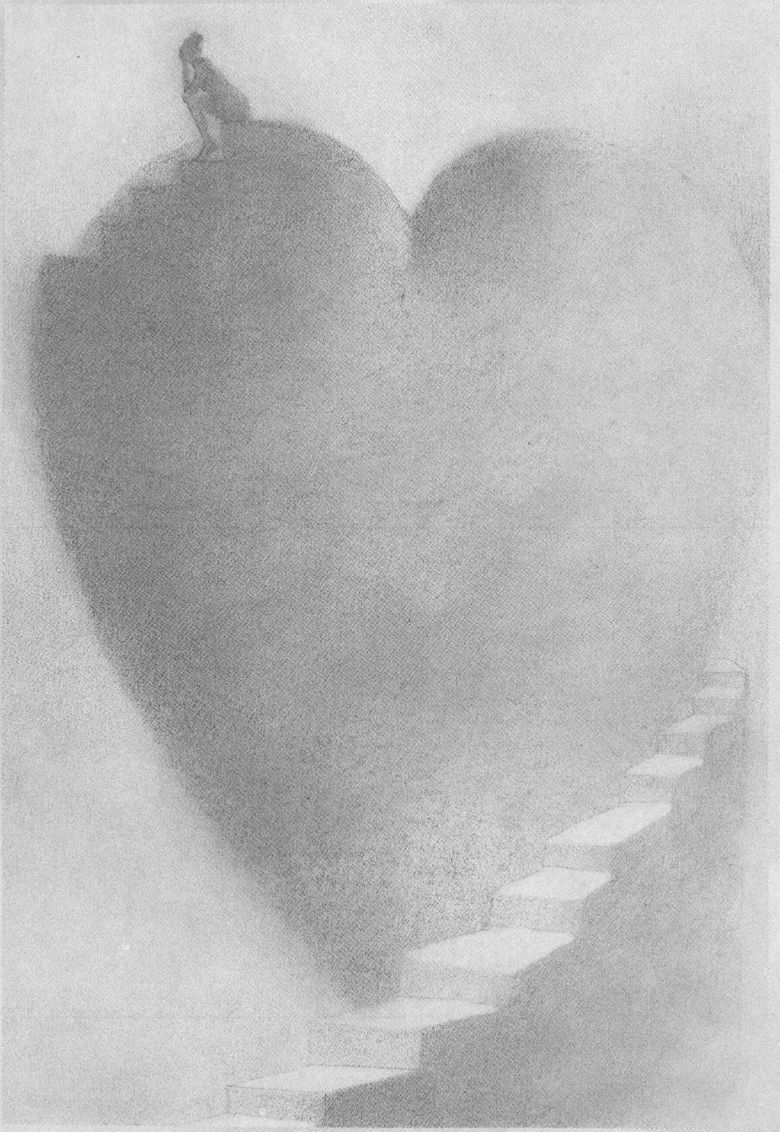

情濃之時，愛是人生唯一的感覺。
(但愛不只是一種感覺。)

四〇
人生唯一的感覺不容隨意抹消否定。

四一
情濃之時，愛是人生唯一的事業。
(但愛不只是一種事業。)

四二
人生唯一的事業令人窮盡所有，全力以赴。

四三
愛是人性的事業。

四四

愛是人性的工程。

四五

情濃之時，愛是人生唯一的希望。

四六

人生唯一的希望不可潦草等閒。

四七

愛的破滅是一切又再變成隨意的偶然。

四八

愛的破滅是一切又重新歸於不眞實。

四九

愛的破滅是世界到頭仍然掉回原來那麼不眞實。

五〇
愛的破滅是生命又缺少了堅實不變的信心。

五一
愛的破滅是情又失去依傍，它又喪失了終極的信念。

五二
愛的破滅是情又迷失了方向，尋找不到終極的理想。

五三
愛的破滅是回頭重新追問：人生自來情苦，可是辛苦所爲何事？

五四

愛的破滅是人生又欠缺它終極的目的。

五五

愛的破滅是情的人生又得重新開始。

五六

愛的破滅是人性又得重頭起步。

五七

愛可以清冷，愛可以熱烈。
只要有心，只要含情。

五八

愛無風雨，情有晴陰。

五九

愛在熱烈時，壯志似「瘋語」。

六〇

愛在清冷時，默然含有情。

六一

情追尋日麗，愛無懼風雨。
可是一旦信心失去，也無「瘋語」，也無「情」。

六二

有時人因心死而情亡。
有時卻因情亡而心死。

六三
心死而情亡的人，把愛心燒成灰燼。

六四
情亡而心死的人，把眞情付諸一炬。

六五
情亡的人不再對人生懷著希望。

六六
心死的人不再對人性充滿信心。

六七
感情的危機往往是信心的危機。

六八

愛無風雨，情有晴陰。

愛涵蘊一份敬意。
情依傍一片信心。

六九

情是自願的事。
愛不能勉爲其難。

七〇

情入終極成爲愛。

七一

最高的情只有愛。
最純潔的情也只有愛。

七二

愛的一切全在心甘情願。

若要不斷追問由來，直叫人啞口無言。

七三

人性起於愛心，但卻終於情願。

七四

愛是終極的事。
終極的事沒有更加終極的理由。
（愛心不待證明。）

七五

愛出於情願。
情繫在愛心。

七六

沒有「願然」事物，也就沒有「應然」事物。

沒有「應然」事物，「實然」事物顯得微不足道。

七七

我們爲什麼要追求眞理，如果我們不是要擁抱她，不是要全心投入？

七八

難道我們只是基於好奇，因此對閉門裸睡的眞理進行偷窺？

七九

愛不是出於人性的好奇。情不志在生命的偷窺。

八〇

感情像鑽石一樣，愈琢磨愈明亮。

感覺像玻璃似的，愈磨擦愈消蝕。

八一

感情十分堅強。
感覺卻異常脆弱。

八二

在嚴酷的人生的陽光的曝曬下，感覺容易褪色。
在清涼的靈魂的月光裡，感情披上溫馨的光彩。

八三

感情總是包藏在感覺的顏色之中。
但是感覺的褪色並不就是感情的消損。

八四

通過感覺獲得愛的印象。
訴諸意念開發出愛的內涵。

八五

言說和舉止共同擔負人生的記號功能。
不善言詞的人直接訴諸行動。
舞文弄墨的人多了一種逃避和塗改的方式。

八六

善用符號的人可以在意念中立志和昇華。

八七

文學家有時將自己描繪的世界比作眞實。
藝術家常常將人工塑造的遺跡當成客觀世界。

八八

不善文字，不知經營其他符號的人，訴諸純樸自然，直截了當的表達方式。

八九

純樸自然並非不究原則。直截了當更需講求意義。

九〇

純樸的人有時以自己的軀體作爲表達的記號。

九一

身體是最有血有肉，有氣有骨的記號。

九二

超凡的愛以身體爲記號。

縱溺的情把身體充當工具。

九三

充當記號的身體可望指向心懷意義的提升。

淪爲工具的身體只等感覺經歷的腐敗。

九四

超凡的愛通過身體的記號指向天上的情。

九五

充當記號之後，身亡而意存。

淪爲工具之時，體在而情消。

九六

人生可以不朽，因爲記號意義永存，不是由於

血肉身體長生。

九七

生命何求長久，空等感覺的敗壞？人生怎堪鍥而不捨，莫非只爲心懷意念的提升？

九八

人間可堪多少擁有，若非專爲意義內涵的美好與溫馨？

九九

愛令人生意義的內涵美好溫馨。

一〇〇

光輝璀燦的是成就了完美的片刻。熱心投入的是勇往向前的希望。

一〇一

情意可待提升發揚。
物相空等變形毀壞。

一〇二

感情可待沈澱結晶。
感覺空等蒙塵褪色。

一〇三

成爲永恆的是不斷可以發揚闡釋的意義。
變作累贅的是需要辛苦修補才能保全面貌的結晶。

一〇四

文化的結晶常常含有啓示的作用，但卻容易演成文明的累贅。

一〇五
愛有時從人體出發，但是停留在人體層次的，遲早破滅了愛情。

一〇六
感覺停留在人體的層次。感覺常常敗壞了感情。

一〇七
愛情充滿著感覺，但是只留存在感覺的層次遲早失去了愛情。

一〇八
使用手指接觸到愛的感覺。

訴諸心靈激發出愛的眞情。

一〇九
從人性出發開始的，往往需要依靠神性去引導和維護。

一一〇
愛的意念來自愛的理性。
愛的感覺出於愛的柔情。

一一一
愛的意念變成愛的理性。
愛的感覺化作愛的柔情。

一一二
感覺終將飄忽虛幻。

意念卻可固定明晰。

一一三
上帝無需愛的感覺，但祂卻存有愛的意念。

一一四
無知有時有無知的快樂。
有知常常有有知的痛苦。

一一五
情的痛苦常常來自心的有知。
情的快樂有時起於心的麻木。

一一六
情的痛苦總是起於意念。
情的快樂常常來自感覺。

愛的
意念 來自愛的
理性。
愛的
感覺 出於愛的
柔情。

一一七

愛不只是情的發洩，更不只是感覺的疏通和滿足。

（愛不是像打噴嚏的滿足——性有時卻是。）

一一八

愛講求含蓄。

情注重回味。

性爭取明白實現。

一一九

含蓄容許意念的闡釋。

回味或可引起感覺的再生。

明白實現結束了一個事件的片段。

一二〇
情有時是可以回味的事件。
愛卻不是一個事件的片段。

一二一
愛總是含有情。
性未必一定導致愛。

一二二
人可以是道德墮落的天使，但不應變作感情粉碎的身軀。

一二三
天使墮落仍有蘇醒再生的指望。
粉身碎骨卻無起死回生的可能。

一二四
辛苦難產原是藝術可貴的提煉。
急就潦草本身就是人生眞情的大敵。

一二五
藝術在於辛苦提煉的歷程，不在於終久喜見天日的物相。

一二六
人生是藝術。
人生是辛苦提煉的歷程。

一二七
愛情是藝術。
愛情是辛苦提煉的歷程。

一二八
人生是藝術。
人生不只是喜見天日的物相。

一二九
愛情是藝術。
愛情不只是喜見天日的物相。

一三〇
人性的成就在於情懷的轉化昇華。
人性的高貴在於心靈的超越提升。

一三一
人生的意義起於感覺的過濾。
生命的高貴有賴心情的淨化。

一三二
過濾感覺，澄清生命的色彩。
淨化心情，沈澱人性的結晶。

一三三
澄清生命的色彩，標示人生的方向。
沈澱人性的結晶，釐定人生記號的意涵。

一三四
人是最大的噪音製造家。
人也是最好的雜響的吸收者。

一三五
人心是情緒的噪音和感覺的雜響的最佳滅音器。

一三六

人心是感覺最有效的避雷針。

一三七

無法將心情轉化昇華，人生不會生發意義。不能令心靈超越提升，人性無法尋覓著落之點。

一三八

人生的作為不是為了表明人活著，或者曾經活過。人活著為了顯示人生到底要怎麼活，到底可以怎麼活。

(每一個人都是一個榜樣。)

一三九

人心是
感覺最有效的
避雷針——。

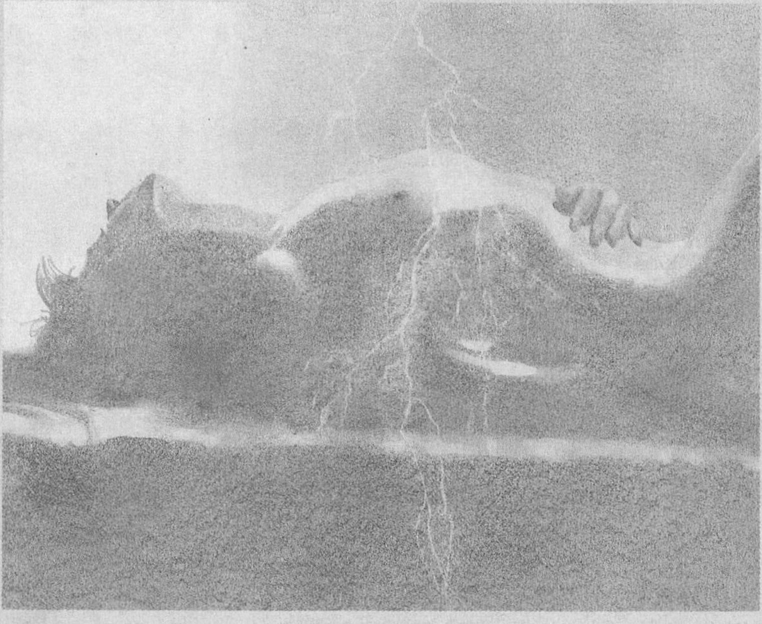

我們生命的標記不在我們的軀體。
我們生命的象徵全在我們的心靈。

一四〇

有時當我們快樂時，內心暗自忖想：那會不會是別人的痛苦換來的？
但是當我們幸福時，卻肯定知道：那一定是親愛的人辛苦奉獻情願犧牲所賜予的。

一四一

我們可以爲自己創造快樂。
但我們無力賜給自己幸福。

一四二

快樂是這個塵世的感覺。
幸福具有一份天上的品質。

一四三

情通往快樂。

愛指向幸福。

一四四

在愛情之中，我們往往必須努力克服個人一時的感覺，專心開發能使愛情更加深刻的心懷。

一四五

妒忌是我們需要努力克服的感覺。

存他而不循私是我們應該專心開發的心懷。

一四六

沈溺的滿足是我們需要努力克服的感覺。

無怨的奉獻是我們應該專心開發的心懷。

一四七

我們容易因給人快樂而快樂，也不難因給人幸福而快樂。但是眞正能因賜予而感到幸福的，只有那些懂得以他人的快樂和幸福做爲自己的幸福的人。

一四八

快樂是瞬間的感受。幸福是跨越時空的滿足。

一四九

愛的特徵是以對方的快樂和幸福做爲自己的快樂和幸福。

一五〇

有人並不特別快樂，但卻一片幸福。

一五一

平常的人因給予他人幸福而快樂。只有眞正深情的人才因帶給他人幸福而幸福。

一五二

平常的人只把自己的快樂看成眞正的快樂。深情的人卻以別人的幸福當作自己的幸福。

一五三

自私的人無視別人的快樂。

一五四

邪惡的人妒忌別人的快樂。

一五五

自大的人把自己的快樂當作別人的快樂。

一五六

愛是心悅誠服。
愛不是激動難耐。

一五七

激動難耐的是一些雜思與閒情。

一五八

愛不是出於熱烈的情誘，也不是出於無奈的情惑。

一五九

愛來自內心深處那輕柔的感動。

情或許激烈。
愛卻一片溫柔。

一六〇

活得長久的人雖然常常經歷了自己感情的失敗，但卻也屢次見證到他人堅貞意志的成功。

一六一

不幸的人經歷自己感情的失敗。
有幸的人見證他人愛心的成功。

一六二

感情的失敗破壞生命的希望。
愛心的成功提供人性的榜樣。

一六三

表面光彩璀燦的情緒飄盪不如乏趣但卻令人欣然回味的堅貞情懷。

一六四

情有時在表面上光彩璀燦。愛永遠在內心裡令人回味無窮。

一六五

有時眞正的感情早在時光飛逝裡終止，剩下的只是不忍心的習慣性的情緒的延長。

一六六

有時「失戀」只是一個模糊的名詞，對方在你的心中死亡才是比較眞實的寫照。

一六七

徹底的令人失望是在對方的心中死亡。

一六八

刺在心上的匕首會在堅苦的歲月裡鏽蝕，但它難以在感情的清流中溶化。

一六九

以往兩人辛苦親密建立的感情，怎堪四手相爭去加以破壞？

一七〇

第二層次地活，第二層次地愛，只因爲那第一層次的關懷。

一七一

離不開第一層次的關懷，因爲離不開人性的矜持。

一七二

最高貴的矜持是人性的矜持。

一七三

愛的矜持是人性的矜持。

一七四

最高貴的矜持是愛的矜持。

一七五

無愛但卻依然有情地活，那是第二層次地活。

一七六

情那第二層次的美好往往是更加辛苦但卻更加

嚴肅的人性追求。

一七七

有一種超級的死亡，那不是肉體生命的終止。

一七八

有一種徹底的死亡，那是情毀愛亡。

一七九

肉體生命的休止無感無覺。
情毀愛亡卻帶來無止無盡的痛傷。

一八〇

過往輝美，如今淒切。
曾經擁有，只是不再。

一八一

清早獨自漫步撫慰靈魂，舉頭一望，驚見月已半缺。

一八二

情正懷抱著滿月的希望，可是在愛的天空裡，連星星都已沈淪。

一八三

在樹間的清涼裡走過，有人問他是不是詩人。他說不是，只是心痛情傷。

一八四

人在戀愛裡變成詩人，卻在情傷中寫不成可讀的詩句。

一八五

失戀的人完全將美麗的記憶拋下，像從樹上跌落的枯葉。它們也許對詩人引發靈感，可是對大樹的枝幹有何意義？

一八六

一位弱落難當的老人牽引一條壯健的狗。有誰知道這位老者過往的光輝？

一八七

走在清晨幽靜的樹下小徑。小心呼吸，謹慎動靜。莫將自己的傷懷感染給清純的花草和蟲鳥。

一八八

人在
恋爱裡变成
诗人。却在
情傷中
写不成又读如
诗的。

不要驚動脚邊的小草，在我們還沒有瞭解它們的生命之前。

一八九

孤葉伴著初陽下的倩影，靜靜地在小徑上親密。你不忍心驚動它，怕破壞了正在温存的形相。

一九〇

情叛也許只是大樹的觀點，落葉和青草正在開始新生的親密。

一九一

人們基於道義可以譴責感情的背叛。可是當事人爲了眞情卻不忍污染原先的清純。

一九二

已經塑造的藝術品，我們不忍將它毀壞。已經開始滋長的感情，誰會有心加以背棄否定？

一九三

愼情是不要生發悔嘆交加的愛。

一九四

情人的背離有時很難找出眞正令我們瞭解的人間說明。

一九五

對於忍受不住的情叛，只求蒼天給予令人瞭解的答案。

一九六

情毀愛亡之後，沒有了體貼和親密。對方只變成一點抽象的概念。有時就連形相都不容易勾劃。

一九七

在情上，舊時的女人訴諸男人的良心，今世的男人乞望女人的理性。

一九八

知人愛其優點，知人容其缺陷。愛人愛其美好，愛人怨其醜陋。

一九九

有時愛的失敗在於乏情，在於無情，在於棄情，在於叛情。另外，有時愛的失敗在於將情弄得支離破碎，面目全非。

二〇〇

負情是一方爲愛而消損，另一方卻因對方的消損而棄情。

二〇一

棄情而逃，毀滅了愛的信誓。負情不惜，敗壞了愛的內涵。

二〇二

棄情還叫依舊有愛，負情仍然號稱繼續相愛，則天下無所謂不愛與不相愛。

二〇三

情有時是身體的遭遇。

愛永遠是良心的歷程。

二〇四

堅貞的人聽從良心的呼喚，拒絕身體的引誘。
迷惑的人追逐身體的遭遇，掩蔽良心的明察。

二〇五

有時雖然不再是愛，但是依然可以珍視一份第二層次的情。
可是有時雖然原有純眞的愛，但卻疏於繼續開展出一段美好恆久的情。

二〇六

心的迷失令情模糊。
情的模糊把愛弄得盲目。

二〇七

愛雖死亡僵固，奈何依舊情牽心掛。
只有感情世界的毀滅才可終止一切。

二〇八

人的世界是感情的世界。

二〇九

天上的情沒有一模一樣的人間版本。

二一〇

我們心懷天上，努力耕耘出一個人間的榜樣。

二一一

原來情定天上，何以解繫人間？

天上的
情　沒有
一模一樣的
人間
版本。

二一二

有時人間的感情只能毅然離斷，無法細細抽解。

二一三

愛情由天上的品質跌落，變成地上的俗務之後，人生充滿傷懷無邊的空虛。當初未曾高攀天上，反而沒有這份惆悵。

二一四

甜美的愛豐富生命。悲苦的情折磨人生。

二一五

有時我們不忍聽取愛情敗壞的故事，其中涵藏著人性的悲痛。

二一六

兩情之戀有時喪失了天上的品質，變得破碎不堪，無從收拾彌補。

二一七

不慎用情的結果，徒令人生羞辱難當。

二一八

情擁抱對方的投入。
愛畏懼對方的污染。

二一九

熱情往往盲目。
盲目的結果敗壞了愛的相貌。

二二〇

有時我們因爲一份感情的破滅感覺汚濁不堪。

二二一

敗壞的愛情最是人間的惡夢——傷損身心，汚染人性。

二二二

有人爭取到自由，結果只是方便墮落。

二二三

墮落的靈魂自己以爲把握了絕對的自由——像「自由落體」一樣。

二二四

自由落體以爲自己無拘無束。

事實上它的下降速度可以明白以公式標出。

二二五

迷惑的自由幻覺導人奔向魔鬼的地心引力。

二二六

情感的人有時爲了表面的解放，變成慾望的自由落體。

二二七

存在的雖然不一定合理，但是不合理的存在卻常常不是沒有因由。

二二八

存在的不一定合理。可是太不合理的卻很難存在。

二二九

不合理的存在令人憂心和焦慮。

二三〇

極端不合理的引起極端的憂心和焦慮。

二三一

極端不合理的不會繼續存在。

二三二

邏輯上不可能的是極端的不合理。

二三三

邏輯上的不可能沒法存在。

二三四

情上的不合理引起人性的憂心和焦慮。

二三五

情上的極端不合理導致人性極端的憂心和焦慮。

二三六

情上的極端不合理無法繼續存在。

二三七

愛不包涵不合理。

二三八

愛不會引起憂心和焦慮。

二三九

愛可以永恆存在。

二四〇

愛的寬懷容忍一些人間的不合理。

二四一

愛甚至寬容對方的傷害。

二四二

屈忍到一個程度，人已無能再進一步接受情的傷害。

二四三

愛不能接受情的極端不合理。

二四四

愛是一片寬廣的大地，但它也有一道狹小的窄門。

二四五

愛是一片純淨的國土。污穢的邪惡被排斥在它的園地之外。

二四六

愛有它的窄門。它不容用情上那極端不合理的存在。

二四七

愛有時是情的避難所。

二四八

愛
是一片寬廣的
大地，
但它也有一道
狹小的
窄門。

愛不是情的垃圾站。

二四九

愛情不是用來塡補慾望的空隙。
它也不是慾望的假面具。

二五〇

我們不妨在愛的基礎上攀望無止無境的神聖。
但卻不宜以愛爲名，敗壞已經辛苦建立的人性文明。

二五一

人生有許多難關，有時情無視人性路途上的險峻。

二五二

堅強的意志和遠大的胸懷克服了愛情的險阻。

二五三

當然藝術家也可以「食色性也」。
但不要以藝術爲名。

二五四

沈醉於愛情的人也可以「食色性也」。
只是不要反過來敗壞愛情。

二五五

我們可能因爲意志不堅，能力不逮，或不敵情慾而在愛情的道路上失敗。
但我們不要接著敗壞愛的名字。

二五六

愛是人性的事。
它是人類唯一與衆不同的品質。

二五七
純潔的愛朝向天上提升。
混濁的情面對地下墮落。

二五八
愛是人性向天上的品質提升的歷程。

二五九
愛是人性通向神性的階梯。

二六〇
情也許只是愛的引誘，但它絕不是愛的終點。

二六一
純潔的愛在意願和心懷裡提升，遠離塵世的計慮，指向天上的品質。

二六二
純眞的愛超脫了人間的條件。

二六三
心境愈純潔，胸懷愈提升，人愈遠離塵世的條件，走向天上的品質。

二六四
超脫了塵世條件的愛，使用一種並非每一常人能解的語言。

二六五

超凡的愛有一種天上的語言。

二六六

背叛了愛的信誓之後，雙方不再使用同一種語言。

二六七

在愛情裡我們使用語言最純眞的意義。愛情的敗壞突然令人缺乏可信的語言。

二六八

當愛情變得不可相信時，人間一切不再成立。

二六九

缺少了愛的語言之後，喪失了情的可信的表達方式。

二七〇
當愛變得啞口無言，情又何從啓齒出聲？

二七一
兩人之間沒有了可信的表達方式，只好轉而訴諸動物的慣常行爲。

二七二
愛情的敗壞不只引起信心的問題，它也造成心境的鴻溝。

二七三
愛情的敗壞往往造成天上與地下的斷離。

二七四

超凡的
愛　有一種
天上的
語言。

值得悼念的有時不是一份愛情的死亡。令人嘆息的往往是一種人性的污染。

二七五

愛情敗壞到污染人性之時，已經不再只是情懷的傷感，而是理性的悲痛。

二七六

情懷的傷感有理性的開解。理性的悲痛沒有情懷的安慰。

二七七

理性的悲痛是人性的憂傷。

二七八

理性的悲痛是生命的悲哀。

二七九
理性的悲痛令人憂慮回歸原始的恐懼。

二八〇
無奈的感情令人左右爲難，最後變成留之不願，棄之可惜。

二八一
純眞的愛愈久愈香。
患病的情愈存愈壞。

二八二
死亡的感情只能埋葬，無法冷凍收藏。

二八三

冷凍收藏的愛已經喪失生命的情。

二八四

喪失了生命的情不可能還是愛。

二八五

冷凍收藏的愛不可能還是愛。

二八六

愛有時被冷凍收藏。

二八七

愛有時死亡。

二八八

愛有時不再是愛。

二八九

當愛已經休止，過去的情只剩下一點暫時難以抹去的感覺。

二九〇

感覺終是膚淺的表面——當愛已經變成挖除良心的空虛。

二九一

有時爲了保證愛心，我們辛苦尋找一種不叛情的動物。

二九二

當愛心消失，故人依舊，隨伴著你的只是一串串無聲無息的身影。

二九三

美好的事物等人領賞，不是供人虛耗。
美好的感情最應如此。

二九四

優美的領賞留住永恆的回憶。
貪婪的消耗遺下破碎的殘跡。

二九五

情不以自己爲中心。
愛要以自己爲起點。

二九六

以自我爲中心的情容易演成溺情。

二九七
以自己爲起點的愛才是端莊清明的愛。

二九八
愛起於自愛而終於愛人。

二九九
情出於施惠而終於自處。

三〇〇
不知自愛的不懂得愛人。
過份照顧自己的情，忽視了對方的眞實。

三〇一
沈溺於塵世的感覺，情欠缺了天上的品質。
專注於天上的品質，情生發出塵世少有的感

沉溺於塵世的
感覺，
情欠缺了
天上的
品質。

覺。

三〇二

感覺隨著心境的高遠而提升。
它也跟著俗念的紛雜而沈落。

三〇三

性的事容易沈溺於塵世的感覺。
它不易提升，易於幻滅。

三〇四

欠缺的時候，時時記得欠缺的痛苦。
擁有的時候，經常遺忘擁有的快樂。

三〇五

當我們擁有的時候，容易忽略他人的欠缺。

三〇六

惆悵的並不是未曾擁有。
感傷的卻是已經失去。

三〇七

多少人生無奈，只能託付流水，只能默對遠山。

三〇八

有些情人的分手是一種人間的遺憾。
有的卻是一份人性的必然。

三〇九

失戀不是迷失情的對象。
失戀是破滅了愛的夢想。

三一〇

沒有愛的夢想，情迷失了追尋的對象。

三一一

失戀之時，回首過去的美麗，有如造訪戰敗的廢墟。

一切的故夢都變得沒有意義。

三一二

在情的絕望裡，我們經歷了內心燒焚的感覺。

三一三

痛苦不是失戀的心情。

死亡才是失戀的寫照。

三一四

把辛苦建立的精神世界敲擊粉碎，落下的即使是美麗的破片，也顯得全無意義。

三一五

兩人合力才能創造的精神世界，一人隻手就可以將它徹底毀滅。

三一六

愛時源源付出的，在失戀時突然枯萎乾涸。

三一七

血是心的眼淚。死是夢的屍骨。

三一八

愛的心沒有疾病。

它只是會有死亡。

三一九

愛有它的初生，有它的青壯。
有時也有它的死亡。

三二〇

快樂是愛的誕生。

三二一

幸福是愛的不死。

三二二

有時愛須生死分明，否則就淪爲行屍走肉。

三二三

情可以降低溫度。
愛無法壓貶品質。

三二四

降低溫度的情可能仍舊是情。

三二五

壓貶了品質的愛不再是愛。

三二六

逐漸降低品質的愛變成自欺欺人的情。

三二七

自欺欺人的情不是愛情。

三二八

愛情失敗之時，熱心點燃傷痛，死亡換取平靜。

三二九
戀愛時，兩人合奏精神世界的讚頌。
失戀後，一人獨泣凡間塵世的哀歌。

三三〇
失戀是高高的攀登，重重的跌落。
失戀是美麗的夢境，淒慘的破碎。

三三一
失戀是你再也不敢安心地說出一個愛字。

三三二
失戀是含淚收拾精神世界的碎片。

三三三

失戀是精神世界的詩句變成凡世人間的囈語。

三三四

失戀是驅走不去那傷懷惱人的記憶。

三三五

失戀是午夜失眠，是12:15失眠，是12:30失眠，是12:45失眠，是1:00失眠，是2:00失眠……，是5:00失眠……。

三三六

失戀是永恆的無眠。

三三七

無眠不一定起於傷心。

難以入睡的可能是因爲一份人性的警惕。

三三八

失戀是靈魂已去，肉體尚存。

三三九

失戀是屍骨尚存，靈魂飄散。

三四〇

失戀是有意義的變成沒有意義。

三四一

失戀是美麗的變成不美麗。

三四二

失戀是神聖的變成不神聖。

三四三

失戀是刻骨銘心的變成索然無趣。

三四四

失戀是甜甜蜜蜜的變成苦苦淒淒。

三四五

失戀是昨日的笑影變成今日的淚痕。

三四六

失戀是把寂寞鎖住，不讓它溜出來喚起傷感的情懷。

三四七

失戀是不再好夢。

三四八

失戀是不再高歌。

三四九

失戀是不再朗笑。

三五〇

失戀是不再安眠。

三五一

失戀是不再爲人生歡欣。

三五二

失戀是不再爲生命慶幸。

三五三
失戀是不再爲愛情努力。

三五四
失戀是不再爲對方工作，但卻依然無法放棄人性的關心。

三五五
失戀是自己絕食，但卻不忘他人溫飽。

三五六
失戀是自己放棄，但卻喜見他人的收穫。

三五七
失戀是空白。
那是戀情交了白卷。

三五八

戀情的零分不一定就是愛心的失敗。

三五九

有時失戀是對於積極心思的消極答案。

三六〇

失戀有時是愛情記號的消除——在個人語言當中。

三六一

失戀有時是愛情意義的滅亡——在自己的意義空間裡。

三六二

失戀之後，對方在自己的意義空間裡，掉回原來的生命情態。甚至只淪爲一團活動的物件。

三六三

失戀之後，對方不再是自己情的記號。有時甚至淪爲情的反記號。

三六四

空白的記號有時尚可進一步充實內涵。反記號卻消除了賦予意義的可能。

三六五

反記號常常是一種反價值。它有時甚至是一種反文明。

三六六

失戀的結果有時變成反文明。

三六七

愛情應該提升爲文明的事。

三六八

愛情是文明的事。
愛情的品質是文明的品質。

三六九

有的背叛只動搖信心。
有的背叛卻敗壞人性。

三七〇

違背信誓的情往往沾汚了愛的品質。

三七一

有時曾經有過的情在生命中成了一種羞辱。

三七二

沾污人性的情令人不想留下任何的遺跡。

三七三

遺憾的是，令人後悔難堪的不易從生命中消除割去。

三七四

愼於用情有它嚴肅的人性意義。

三七五

愼情才可望深情。
惜情才可望有情。

三七六

有情不是善於動情。

深情不是隨意動情。

三七七

動情不待學習。

但愛卻不只是動情而已。

三七八

愛需要認眞學習。

三七九

愛有它的心情，但愛也有它的紀律。

三八〇

愛有它的感性。
愛更有它的理性。

三八一

愛不因放鬆心情而不顧紀律。
情有時爲了照顧感覺而放鬆矜持。

三八二

愛不因照顧感性而放棄理性。
情有時沈溺感性而背叛理性。

三八三

愛並非隨便行事，敷衍了之。

三八四

愛不是跟隨感覺的潮汐而起落。

愛不是依照感覺的強弱而增損。

三八五

愛有它的原則。

愛講究它的品質。

三八六

情感的人只是追逐感覺之徒。

三八七

情迷的人在感覺世界中遺失自己。

三八八

追逐感覺的人變成感覺的奴隸。

三八九

尋求意義的人成了自己感情的主宰。

三九〇

我們追求生命的意義，不只沈迷於人生的感覺。

三九一

追求感覺容易跌落慾望的陷阱。
尋找意義可望從感覺的困惑裡超升。

三九二

人性是在我們的意義空間裡開拓出來的。

三九三

追求感覺的結果令人遺忘了心懷的意義內涵。

情迷
的人
在感覺夢中
遺失
自己。

三九四

沈思心懷的意義內涵，方知駕馭感覺，令它增益感情的滋長。

三九五

受駕馭的感覺依順感情。發野不羈的感覺破壞感情。

三九六

情容易流於感覺的驅使。愛卻努力忠於理性的抉擇。

三九七

我們有時盲目收納感覺的內容，忘記必須有意選擇愛的對象。

三九八
情也許不知所以。
愛卻絕不無可奈何。

三九九
情有時也許不知不覺。
愛卻始終有知有覺。

四〇〇
情也許始終難以休止。
愛卻到時可以放棄。

四〇一
感覺欠缺它的理性。
感情擁有它的邏輯。

四〇二

盲目迷醉於感覺，徒令感情歪曲變形。清醒排遣了感覺，才使感情深刻明晰。

四〇三

事非必然，但卻執著。原可放棄，但卻矜持。這是人心的自由，也是人性的基礎。

四〇四

愛一個人是扶助他一起成長，使眞情保有原來著落的對象。

四〇五

愛的本質需要時時在內心裡澄清，並且在意志上肯定。

四〇六
愛的本質需要在自己的意義空間裡開拓發展。

四〇七
愛的本質隨人性的演化而演化。

四〇八
沒有時時反省的愛容易落入盲目執著的情。有時甚至淪爲與情矛盾的雜思。

四〇九
我們可曾發問：「這樣算不算是愛？」

四一〇
我們要不要說公雞母雞的行爲也算是愛？

四一一

我們若要以愛為名，首先應該追求情的清純、深刻和高尚。

四一二

情有清濁、深淺與高下，怎可全都以愛為名。

四一三

有人喜歡濫用愛的名字，因此不自覺地將天下參差別異的情劃一高度，等量齊觀。

四一四

愛的本質不是靠情的對象來加以界定。

四一五

愛的意義不能由自己隨意加以頒佈。

四一六
眞情不應在戀裡的患得患失下，隨意加以修訂和改觀。

四一七
眞情有它必然的演繹，但卻沒有它執著的對象。

四一八
迷戀有它執著的對象，可是執著的結果常常失卻了眞情必然的演繹。

四一九
迷戀常常將眞情的原樣弄得面目全非。

四二〇

眞情有它的邏輯。
迷戀不講究自己的原則。

四二一

本質的追求是必然的演繹。
意志的堅守是必然的演繹。

四二二

戀愛之時固然可以期望彼此的滿足，但愛的眞諦卻遠遠超脫這類人間的條件。
（眞正的愛是天上的情。）

真情有它的
邏輯。
迷惑不講究
自己的
原則——。

國立中央圖書館出版品預行編目資料

人生小語．六，感覺與心懷／何秀煌著．
-- 初版．-- 臺北市：東大發行：三
民總經銷，民83
面；　公分．--（滄海叢刊）
ISBN 957-19-1680-3（精裝）
ISBN 957-19-1681-1（平裝）

1.格言　2.修身

192.8　　83009279

 人生小語（六）
——感覺與心懷

著作人　何秀煌
繪圖者　吳銘書
發行人　劉仲文
著作財產權人　東大圖書股份有限公司
臺北市復興北路三八六號
發行所　東大圖書股份有限公司
地　址／臺北市復興北路三八六號
郵　撥／〇一〇七一七五——〇號
印刷所　東大圖書股份有限公司
總經銷　三民書局股份有限公司
門市部　復北店／臺北市復興北路三八六號
重南店／臺北市重慶南路一段六十一號
初　版　中華民國八十三年十一月
編　號　E 85263
基本定價　貳元陸角柒分
行政院新聞局登記證局版臺業字第〇一九七號

ISBN 957-19-1681-1（平裝）